Para mi bisabuela Ana Elisa Hernández Aldamuy, quien vino a Estados Unidos;
para Pura Belpré, quien preservó nuestras historias;
y para mi titi Rose, quien me inspiró a contar esta —A.A.D.

Con todo mi amor para mi Ratón Pérez, Alejandro Mesa —P.E

Un agradecimiento especial a Pedro Juan Hernández y al Centro de Estudios Puertorriqueños.
Un agradecimiento especial a Teresa Mlawer.

Título en inglés: *Planting Stories: The Life of Librarian and Storyteller Pura Belpré* • © 2019 de Anika Aldamuy Denise (texto) © 2019 de Paola Escobar (ilustraciones) • Diseño de Chelsea C. Donaldson • Todos los derechos reservados. Ninguna porción de este libro podrá ser reproducida o almacenada en ningún sistema de recuperación, o transmitida en cualquier forma o por cualquier medio—mecánico, fotocopia, grabación u otro—excepto por citas breves en revistas impresas, sin la autorización previa, por escrito, de la editorial. HarperCollins Children's Books, un division de HarperCollins Publishers, 195 Broadway, New York, NY, 10007. www.harpercollinschildrens.com. La ilustradora usó Adobe Photoshop para crear las ilustraciones digitales para este libro. • ISBN: 978-0-06-304095-3 • Fabricado en Italia.
22 23 24 25 26 RTLO 10 9 8 7 6 5 4 3 2 1 ❖ Primera edición en rústica, 2023

Sembrando historias

Pura Belpré: bibliotecaria y narradora de cuentos

Texto de **Anika Aldamuy Denise**
Ilustraciones de **Paola Escobar**
Traducción de **Omayra Ortiz**

HarperCollins *Español*
Una rama de HarperCollinsPublishers

Es el año 1921.

Pura Teresa Belpré deja su casa en San Juan
para visitar la ciudad de Nueva York.
Las palabras viajan con ella:
las historias que su abuela le contó.
Cuentos folklóricos que Pura contaba bajo la sombra
de un árbol de tamarindo en Puerto Rico.

Ahora una isla nueva se extiende ante ella...
lista para recibir las semillas de los cuentos que lleva consigo.

Manhattan.
Una ciudad bulliciosa.
Más grande, ruidosa y llena de gente...
Y al mismo tiempo rebosante de esperanza y de posibilidades.
Lo que comenzó como una visita para asistir a la boda de su hermana
se convierte en los primeros pasos en una tierra nueva...
y en una nueva vida para Pura.

Al principio, trabaja en una fábrica de ropa.
Pero es un piso frío y duro,
y no el suelo suave y fértil
necesario para que las semillas
echen raíces.

Y, entonces, ¡una oportunidad de oro! ¡Una bendición!
La biblioteca necesita una ayudante bilingüe.
Pura habla español, inglés y francés.
Es perfecta para el trabajo.

Pero ¿dónde están las historias que le contaba su abuela?
No encuentra ningún cuento popular de Puerto Rico
en las estanterías.

¡Qué suerte para la biblioteca que Pura tenga semillas de historias para **sembrar** y *cultivar!*

En la sala de lectura para niños,
ella enciende la vela de la hora del cuento...
y comienza.

¡Sus ojos bailan!
¡Su voz canta!

Las palabras de Pura dibujan un cuadro
de una casita con un balcón redondo
donde Martina, una linda cucarachita española,
conoce a Pérez, un apuesto y galante ratón.
El ratoncito Pérez y la cucarachita Martina,
un cuento del árbol de tamarindo.

Cuando Pura termina la historia,
cada niño pide un deseo frente a la vela,
y, con un soplo de aire...

¡fiuuu...!

Se apaga la vela.

Y ahora Pura también tiene un deseo:
plantar las semillas de sus historias por todo el país.
Entonces aprende a hacer marionetas.
Les hace ropa…
y pinta sus delicados rostros.

Familias enteras vienen
a escuchar cuentos populares
en inglés y en español,
y a ver las marionetas de Pura

bailar en
el escenario
de sus historias.

Pero las estanterías de la biblioteca necesitan libros.
¿Cómo hacer para que más niños y niñas lean
Pérez y Martina y otros cuentos de Puerto Rico?

Entonces, Pura envía su historia por correo
a la editorial Frederick Warne.

¡Pronto *Pérez y Martina* se convierte en un libro!
Ahora, como autora publicada, marionetista y cuentacuentos,
Pura va de biblioteca en biblioteca,
de aula en aula,
a iglesias y a centros comunitarios…
sembrando las semillas de sus historias
en los corazones y en las mentes de los niños
recién llegados a esta nueva isla,
y que añoran la lengua
y los colores de su tierra.

Escribe, aprende, da conferencias, enseña, viaja:
Pura nunca para.
Hasta que...,

CLARENCE WHITE

como la linda Martina,
conoce a su Pérez.

Un día de diciembre en Nueva York,
Pura se casa con el músico Clarence Cameron White.

Un año lejos de la biblioteca, ella decide.
Un año para comenzar
una nueva vida como esposa.

Chuí

Chuí

Chuí

Chuí

Pero el año... se alarga.
Juntos viajan a nuevas ciudades.
Clarence toca su música.
Pura cuenta sus historias.

Son años felices
de música y de letras,
separaciones y reencuentros,
amigos, familias e historias...
siempre.

Hasta que un día de junio
en Nueva York,
Clarence deja de tocar su música.
Y la historia de Pura comienza
otra vez.

Es el año 1961.

Pura regresa a la biblioteca.
Ahora hay otros narradores de cuentos
que hacen bailar a las marionetas,

que les leen a los niños *Pérez y Martina*,
El tigre y el conejo, *Juan Bobo*,
Los tres Reyes Magos
y otros cuentos de Pura.

Las **semillas** que Pura plantó,
las raíces que retoñaron
en el aire abierto de la posibilidad,
se han convertido en un exuberante paisaje
en el que ella se adentra como si nunca se hubiera ido.

Nota de la autora

Las semillas de la idea de este libro echaron sus primeras raíces mientras visitaba la sede principal de la Biblioteca Pública de Nueva York, y contemplaba un retrato enorme, en blanco y negro, de Pura Belpré: autora, narradora de cuentos y la primera bibliotecaria puertorriqueña de la ciudad de Nueva York. Mientras observaba la imponente imagen de esta extraordinaria mujer boricua que siempre he admirado, me llené de orgullo por ese gran reconocimiento. El retrato de Pura me recordó a mis titis (tías): la primera generación de norteamericanas cuyos padres emigraron de Puerto Rico a Nueva York.

Pura Teresa Belpré nació en 1899, en el área rural de Cidra, Puerto Rico, en una familia de narradores de cuentos. Su abuela le contó muchos de los cuentos populares que aprendió de niña.

«Recuerdo que durante el recreo en la escuela algunos de nosotros nos reuníamos bajo la sombra de un árbol de tamarindo —escribió Pura—. Nos turnábamos para contar historias. Estas historias viajaron conmigo a Estados Unidos. Me consideraba una cuentacuentos. Quería ser como Johnny Appleseed, que era conocido en Estados Unidos por plantar semillas de manzana por todo el país... Y ese también era mi deseo, plantar las semillas de mis historias por todo el país».

Sin embargo, ser como Johnny Appleseed no fue siempre el sueño de Pura. Quería ser maestra, por lo que se matriculó en la Universidad de Puerto Rico. A punto de comenzar sus estudios, en 1921, viajó a Nueva York para asistir a la boda de su hermana Elisa. Tal vez decidió quedarse en Nueva York simplemente porque le gustó. O, quizá, como a muchos otros inmigrantes que llegaban a Estados Unidos, le atrajo la promesa de una mejor oportunidad.

Para Pura, la oportunidad le llegó en la Biblioteca Pública de Nueva York. Después de trabajar poco tiempo en una fábrica de ropa, la contrataron como ayudante bilingüe en la biblioteca de la calle 135, en Harlem. Su trabajo consistía en buscar libros y crear programas para la creciente comunidad hispanoparlante del barrio.

Cuando Pura descubrió que no había libros en español en la biblioteca, los escribió ella misma, y se convirtieron en los primeros libros de cuentos para niños hispanos publicados en Estados Unidos. Empezó a aplicar lo que había aprendido en la Escuela de Bibliotecología y creó marionetas de vivos colores que utilizaba a la hora del cuento de sus historias bilingües, además de celebrar las festividades hispanas tradicionales con cuentos populares en inglés y en español.

Los inmigrantes de habla hispana que antes pensaban que la biblioteca no era para ellos, ahora se sentían como en su casa. La energía y curiosidad sin límites de Pura y su cautivador estilo narrativo transformaron las bibliotecas en las que ella trabajaba en vibrantes centros culturales de la comunidad.

Aun en sus últimos años, Pura tomaba el autobús y el tren para viajar por toda la ciudad, desde el casco urbano hasta los suburbios, desde el Bronx hasta el Lower East Side, para llevar a los niños y a las niñas la magia de sus cuentos y de sus marionetas.

Poco antes de morir, el 1 de julio de 1982, Pura recibió el Premio Lifetime Achievement de la Biblioteca Pública de Nueva York. En la actualidad, la American Library Association reconoce anualmente las obras más sobresalientes de la literatura infantil y juvenil de autores e ilustradores hispanos de Estados Unidos con el Premio Pura Belpré.

Su vida y su obra como bibliotecaria, cuentacuentos, autora y defensora de la comunidad hispana son un testimonio del poder de nuestras historias para construir puentes, no solo hacia la alfabetización, sino también hacia el cambio social. Cada vez que entro a una biblioteca que tiene una sala luminosa y alegre dedicada a los niños, o les leo un cuento popular de Puerto Rico a mis hijas, pienso en Pura y me siento agradecida por las semillas de las historias que ella sembró.

Bibliografía selecta

Flores, Juan (ed.), *Puerto Rican Arrival in New York: Narratives of the Migration, 1920-1950*, Princeton Markus Wiener, 2005.

Matos-Rodríguez, Félix V. y Pedro Juan Hernández, *Pioneros: Puerto Ricans in New York City, 1896-1948, Edición bilingüe*, Charleston, SC, Arcadia, 2001.

Sánchez González, Lisa, *Boricua Literature: A Literary History of the Puerto Rican Diaspora*, Nueva York, New York University Press, 2001.

Sánchez Gonzáles, Lisa, *The Stories I Read to the Children: The Life and Writing of Pura Belpré, the Legendary Storyteller, Children's Author, and New York Public Librarian*, Nueva York, Centro de Estudios Puertorriqueños, Hunter College, City University of New York, 2013.

Colecciones de archivos

Clarence Cameron White Papers, Schomburg Center for Research in Black Culture, Biblioteca Pública de Nueva York.

Pura Belpré Papers, Archives of the Puerto Rican Diaspora, Centro de Estudios Puertorriqueños, Hunter College, Universidad de la ciudad de Nueva York.

Artículos y películas

Aguiar, Eduardo, productor/director, *Pura Belpré: Storyteller*, Nueva York, Centro de Estudios Puertorriqueños, Hunter College, City University of New York, 2011.

Jiménez-García, Marilisa, «Pura Belpré Lights the Storyteller's Candle: Reframing the Legacy of a Legend and What It Means for the Fields of Latino/a Studies and Children's Literature», *Centro Journal* 26.1, primavera 2014, pp. 110-47.

Lecturas adicionales

Engle, Margarita, *Bravo! Poems About Amazing Hispanics*,
    ilustrado por Rafael López, Nueva York, Henry Holt, 2017.

González, Lucía, *The Storyteller's Candle/La velita de los cuentos*,
    ilustrado por Lulu Delacre, Nueva York, Lee & Low, 2008.

Hood, Susan, *Shaking Things Up: 14 Young Women Who
Changed the World*, New York, HarperCollins, 2018.

Historias de Pura Belpré mencionadas en este libro

Pérez y Martina es la versión de Pura Belpré de un cuento popular sobre una cucarachita linda y refinada llamada Martina, y Pérez, un apuesto ratoncito. En este cuento, Martina tiene muchos pretendientes que se acercan a su balcón para pedir su mano en matrimonio. Uno a uno, ella les pregunta: «¿Y cómo me hablarás en el futuro?». El señor Gato responde: «¡Miau, miau, miau!». El señor Pato dice: «Cua, cua, cua». El señor Grillo contesta: «Cri, cri, cri». Sin embargo, solo el señor Pérez se gana su corazón con su melodioso chui, chui, chui, y Martina accede a casarse con él.

Juan Bobo es uno de los personajes populares más queridos en la isla de Puerto Rico. Por lo general, lo presentan como un niño perezoso que parece tonto. En el *Juan Bobo* de Pura Belpré, Juan Bobo viste de manera elegante al cerdo de su mamá, y hace que el pato preciado de esta caiga en una tinaja de melaza.

El tigre y el conejo es la adaptación de otro cuento popular clásico donde aparece un personaje travieso: el conejo. El señor Tigre trata una y otra vez de atrapar y comerse al señor Conejo, pero el astuto conejo se sale siempre con la suya, y el tigre se queda con hambre.

Los tres Reyes Magos se cuenta casi siempre cerca del Día de Reyes, un día de fiesta tradicional que se celebra en Puerto Rico y en otros países hispanos. El 5 de enero, la víspera de Reyes, Melchor, Gaspar y Baltasar encuentran muchas dificultades en su recorrido para llevar regalos a los niños en España.